SOPHIAS LETZTER SCHLUSS

EINE ODE AN DIE

WEISHEIT

Impressum:

Autor: Christoph Breymann

Erscheinungsort / Jahr: Norderstedt bei Hamburg, 2014-09-13

Titel: Almanach auf das Jahr 1987

Herstellung und Verlag:

BoD - Books on Demand, Norderstedt

ISBN 978-3-7357-5144-7

FSC
www.fsc.org

MIX
Papier aus verantwortungsvollen Quellen
Paper from responsible sources
FSC® C105338

KALOKAGATHIE

Ich liege also nun hier,

von zartgewaltiger Schönheit umgeben

Doch noch flackert nur zitteriges Leben

Maßlos träumend hofft bescheidener Blick

Finde ich endlich vorwärtsgehend zurück

Dann erklingt es edel, würdig, grenzenlos in mir?

VANITAS

Das Leben ist nur kurz

Und noch schrecklicher, wegen seiner

Möglichen Schönheit, auch jede Zeit

Verweilt kaum

DER REGEN

Der Regen sprach zu sich:

„Ich bin schon ein rechter Tropf

Fall ich den Menschen nicht auf den Kopf

So sinke ich in den Boden,

steige auf und stürze hernieder

- Immer wieder!"

Auf eines Menschen Kopf

Sitzt still und stumm - fast ein wenig dumm

Ein Regentropfen herum.

Da kommt schon herangeeilt

Ein Schnupfen, der prompt verweilt

FRAGMENTARISCHES

Dunkel ist der Anfang - dunkel ist das Ende!

Jedes Wollen ist zwecklos, ist ohne Bedeutung,

mich wundert auch zuweilen wie sicher uns die Normen fassen.

Eine Sanduhr ist das Stundenglas, der Tod,

seltsamster aller Gefährten, der Begleiter bist Du -

wahrlich, so nah mir sonst niemand geht -

Du mit uns durchdringst Alles, als Zeit.

-

Zeit größtes aller Rätsel

LEBEN

Lust zu Leben,

doch stetes Gebrechen hindert,

hindert bis zum Tod

Öde, eintönig, alles verlässt den Menschen.

Des Menschen Würde - was ist das?

Der duldsame Verfall?　　　AUS!

NOMOS

Nimm die Naturgesetzt,

wende sie auf den Menschen an

und Du wirst sie richtig finden,

wenn Du sie weniger oder mehr geändert hast!

POLEMOS

Verwegen, mit verzogener Mine,

Regen, ich mit Lust durchschreite,

die Augen, das Herz,

es schweift in Weite.

BIOS

Ende eines Lebens

Augenblick und Ewigkeit

Immer ist Alles

Nichts ist mir

Verloren wird ständig - Eternitas

FERNE HARMONIE

Der Tag stirbt langsam, doch die Nacht kommt schnell

Der Globus kreist solang er nicht zerbricht

Der Knabe lächelt fröhlich, doch das Gift schlug ins Gesicht

Wieder ein Morgen spannt sein hoffnungsvoll Gezelt,

Doch ach wie glücklich, nicht mehr auf dieser Welt!

Deusieme foi

Der Tag stirbt langsam, doch die Nacht kommt schnell

Der Globus kreist zwangsam solang bis er zerbricht

Der Knabe lächelt fröhlich, doch Gift zerfrisst das Gesicht

Wieder ein Morgen spannt sein hoffnungsvoll Gezelt

Doch ach wie glücklich, nicht mehr auf dieser Welt.

GENSESTAT

Ein Schrei -Geburt

Ein Windhauch nur

Ein kurzer Augenblick

Zu Ende ist das Lebensstück

Flüchtig wie Dunst, ein Nebel

Unfassbar kurz, zerbrechlich

Und doch so entsetzlich gemächlich

Von Langerweile fast erdrückt

Von Schmerz so manches Mal entrückt

Eugenos -

BRUDERGESTIRN

Sichel Mond, schimmernd, silbrig,

hast gesehen Du ihn?

Als er eben erst erstanden

Schon thronend in bescheidener Ruh?

Al ruhtest Du. sacht in

Junger Birken eben erst begrünten Zweigen.

Von blauer Schwärzr umflutet

Lässt sein ... erglänzen zart

DAS LEBENDIGE

Dunkel tut auf den Schlund, weihevoll

Wie Kratergähnen, das Chaos

Freudetaumelnd, fließt pulsend in dunklem Strom

Hymnen klingen dumpf, den Schöpfer preisend, empor

Loblieder hallend das Wohl des Kranken künden

Voll der verworrenen, verzerrten Bilder in ewigem Grau

Überfließend von Paradoxen, die klar sind wie Kristall

Gebrechlichkeit, die ist wie Leichenmoder, Blumen, die kalt sind flohen

Stammeln das schöner als jede Musik

HELIOS

Heute Abend, wir tragen die Sonne zu Grabe

Eine Wolkendecke steht zum Gruß

Nur ein schmaler Strich

Jetzt, ein Todesstich

EUTHYMIE

Schlag es auf, Dein Auge

Edle;

Möchte der Glanz auch

Überstrahlen mein bescheiden

Licht und blenden und löschen aus,

doch, einmal, ich hätte einmal Weihevoll Reines umflutet von Schönheit

in diesem Sphärenraum erblickt.

Wird ich Dich denn niemals freudig schauen,

Wird ich niemals denn dürfen wandeln in heiligen Fluren

Dumpf ist Dämmerung manches Mal leid empor gestiegen

Schal leblose Bilder ziehen leer vorüber wie Trübsal

Ein kalter Seufzer dem starren Herzen sich entwindet.

Geschlossenes, müdes Auge keine Ruhe findet.

Fülle geflohen ist, nur Grauheit ist geblieben

Ich zittere, die Lippen stammeln es, ich bin nicht mehr elend.

Ich freue mich, dass Du geantwortet hast-

Mond!

Am Himmel thront

Wie in jeder schönen Nacht,

der weise Mond.

Ein schöner Augenblick

Nur für einen kurzen Moment, für einen Augenblick

Stille ist -

Nein, klangvolle Fülle ist

Menschenwürdig tönt die Luft , Menschen würdig.

HIMMEL UND ERDE

Hinab, der Höllenschlund

Hinauf, der Himmelsmund

Ein Federhauch, nur seicht bewegt, das Herze lebt

Eine Linie, ein Punkt, fertig ist das Lebensrund

Hinauf, der Höllenschlund

Hinab, der Himmelsmund

Das Leben trotzt dem Tode,

die Seele haucht eine Ode!

KOSMOS

Liebe zum All der Spiele

Die Grauen ziehen mit hellem Rande

Vorbei an dem, der überschüttet mit Glühen

Die Giebel noch sind so wie gefroren

Morgen, ach doch kann es wie nie sein, ja -

Die Grauen ziehen mit hellem Rande.

Unter der Brücke über den Fels zwischen den Mauern,

da zieht die Flut und spielt, in

Farbe, Form und Klang

Über der Brücke unter den Sternen zwischen den Bergen,

da geht der Äther und spielt!

ASTRUM

In junger Nacht,

Nachdem die Sonn´ ward versunken

Stund in voller Pracht

Ein heller, klarer Stern

In hoher Nacht,

Nachdem die Zeit ward trunken,

Stand in voller Pracht

Ein heller, klarer Stern

In grauer Nacht,

Obschon die Kraft ward ertrunken,

Stand in voller Pracht

Ein heller, klarer Stern

NOCTURNE

Die Nacht senkt ihr schattig schwarz bewimpert Lied

Der funkelnd Sonnenball erklingt im gleißenden Ton

Blauer Dunst in sterbend blassen Zügen über Wiesen zieht -

DEPORTATI - DEPORTATI

Da steh ich nun, barbrüstig, ohne Haupt

Die Finger von mir gestreckt, damit nicht berührend sie schmerzen

Die Augen blicken starr dort

Das Herz schlägt und pulst hier

Zerissen ist Fuß und Bein, eitrig der Mund;

Gebeugt der Rücken von der Trägheit Müh´

Die Sonne brennt, der Regen wäscht vergebens alles -

Funken bleiben, häufen sich, graben ein in ehemals blühendes Fleisch

- Hoffnung! -

MIRACULUM

Der Tag bricht heran,

Die Sonne klimmt heran,

Wolken tosen und Nebel ziehen,

Hexen und Kobolde fliehen,

Sprich diesen Spruch

Und Du hast des Elends genug!

ABSCHIED

Fern und immer ferner

Ich verklinge langsam,

Leis und immer leiser –

Bald, ja bald ist nichts mehr

Still und immer stiller

Hörst Du den Harfengesang stiller Nymphen im grünen Gewande?

Hörst Du das Wispern des Laubes auf dem Sande?

Bald, ja bald bist Du Asche, bist Staub!

TAMEN

Oh, wie wir alle lügen!

Der Geschlagene geschlagen wird,

bis der Stock, der Schläger oder er zerbricht.

Ist nun Trotzen dem Harten und härter sein

Der Stärke Zeichen,

oder muss nicht das Edle der Zerrüttetheit,

dem Rächen weichen?

VITA BREVI BREVIS - ARS LONGA

Das Leben ist, ist kurz und kürzer noch,

Die Sekunden, ein kurzes Lachen -

Von nun an Schmerzen, streben,

zu dem, was vergangen, ein langes Sterben beginnt -

ARISTOS

Elend ist die Schönheit des Edlen

Edel ist, erhobenen Hauptes in

Leinen, hungrig seine Schönheit im

Staube zu Grabe trägt

PRIMA VERA

Das Haar - gebunden zum Kopfe hin

Die Augen, gerichtet

Weiße Nebel in schwüler Luft

Unter scharf gezogenen Brauen

Glänzend Zu blicken

Der Wipfel droben, die Flatterhaften starren.

Das Haar, zum Kopf, gebunden hin

Das Auge gerichtet

Schwüle Nebel in Weisheit

Unter Grauem, scharf gezogen

Zu erblicken

Die Wipfel droben, die Flatterhaften starren

KALOAGATHIE

Ein Herz, das Schöne achtend,

muss den eigenen Verfall betrachtend ein Leben,

Trauer, Zorn, Hass, Verzweiflung, die

Lust dem Zerstörer das Zepter zerstörend

Aus der Hand zu nehmen -

LUX

Ein Lichtstrahl, unverhofft mich freut

Aus mittäglich grauem Himmel, -

Doch mir ahnet der gleichgültige Untergang

Doch für einige Äonen Leben

Mich durchfließt

AGAPE

Wirst Du mich lieben; - lieben ewig?

Wirst Du mich lieben, wenn ich das Feuer und den Glanz Jugend verloren habe -

Lieben ewig?

Wenn ich krank bin und hässlich, wenn es regnet und kalt ist?

Wirst Du mich achten, wenn ich fort bin?

Wirst Du mich ehren und achten können, wenn schmachvoll und unwürdig ich bin?

Es war ein Moment wie ausgelebt sank der Müde und Matte

Zurück auf sein Lager, fand keine rechte Gutheit, fühlte wie allmählich

Ein Schmerz sein Herz befiel,

schlag einmal mit der Faust auf ... zwingend, schlug er ein zweites Mal, verlor die Besinnung

- weinte ermattend

Es begannen sich Bilder zu formen vor seinem innerlichem Auge -

Eine blühende Wiese mit etwas durstigem Wasserblau,

das Laub ferner Bäume spielte mit dem fernen Wind, -

eine Stimme rief ... !

SOMNIUM SOMNIAVIT

Die Sterne stehen wie seit Ewigkeiten, der Mond ist groß und gelb,

die Wellen laufen steil gegen den Strand; doch wo bist Du?

Saßen wir nicht einst in solchen Nächten am Feuer und

Träumten einen Traum?

Der Wind streicht sacht durch Nachtwipfel, dawider ragen alte, stolze Giebel

Lange Wege führen zu hölzern stolzen Türen; - doch wo bin ich?

Schritten wir nicht gemeinsam einst solche Wege lachend wir in hohen Träumen?

Ich blicke in den Spiegel, doch niemand ist dort, der mir Erwiderung schaut -

Ich bin tot -

Muss ich nun grauen, mein Leben vergeudet zu haben,

muss ich nun sein vergeudet?

PHAEGOMENATSCHRA

Schönheit, wo bist Du?

Wo der erfüllte Tag?

Die vollendete Nacht?

Kein Freund unter der Sonne?

Keine Liebe?

Wo ist eine Aufgabe?

Wann wird Vollendung sein?